Markus Groß

Multiprojektmanagement - Lösungsansätze für komplexe Projekte

IT-Consulting

GRIN Verlag

Bibliografische Information der Deutschen Nationalbibliothek:

Die Deutsche Bibliothek verzeichnet diese Publikation in der Deutschen National-
bibliografie; detaillierte bibliografische Daten sind im Internet über http://dnb.d-
nb.de/ abrufbar.

Impressum:

Copyright © 2009 GRIN Verlag GmbH
Druck und Bindung: Books on Demand GmbH, Norderstedt Germany
ISBN: 978-3-640-81425-1

Dieses Buch bei GRIN:

http://www.grin.com/de/e-book/165281/multiprojektmanagement-loesungsansaetze-
fuer-komplexe-projekte

GRIN - Your knowledge has value

Der GRIN Verlag publiziert seit 1998 wissenschaftliche Arbeiten von Studenten, Hochschullehrern und anderen Akademikern als eBook und gedrucktes Buch. Die Verlagswebsite www.grin.com ist die ideale Plattform zur Veröffentlichung von Hausarbeiten, Abschlussarbeiten, wissenschaftlichen Aufsätzen, Dissertationen und Fachbüchern.

Besuchen Sie uns im Internet:

http://www.grin.com/

http://www.facebook.com/grincom

http://www.twitter.com/grin_com

Monheim am Rhein, den 20.07.20009   Markus Groß

Diese Dokumentation wurde
in LaTeX erstellt.
Literatur [7] „LaTeX - Das Praxisbuch"

Inhaltsverzeichnis

Abbildungsverzeichnis

Abkürzungsverzeichnis

anschl. . . . . anschliessend

Aufl. . . . . Auflage

bzw. . . . . beziehungsweise

ca. . . . . circa

d.h. . . . . das heisst

etc. . . . . et cetera

evtl. . . . . eventuell

f. . . . . folgende

ff.k . . . . fortfolgende

i.d.R. . . . . in der Regel

mind. . . . . mindestens

u.a. . . . . unter anderem

usw. . . . . und so weiter

vgl. . . . . vergleiche

z.B. . . . . zum Beispiel

1 Prolog

Im Umfeld der Diskussion um den Standort Deutschland stellen sich Unternehmen die Frage, welche Art von Entwicklung und Produktion noch wirtschaftlich in Deutschland betrieben werden kann. Der Weg führt von der industriellen Massenfertigung hin zu mehr und mehr maßgeschneiderten Produkten und individualisierten Dienstleistungen. Diese Entwicklung beeinflusst gleichsam die Arbeitsweise und Arbeitsorganisation der Unternehmen, was anhand der in den letzten Jahren fortwährend zunehmenden Projektorientierung - unter anderem durch die Umgestaltung und Erweiterung der ablauf- und aufbauorganisatorischen Strukturen - sichtbar wird.

Dies sind Aufgaben, für die das Einzel-Projektmanagement mit seiner fachinternen Arbeitsbewältigung keine zufriedenstellenden Lösungen mehr bieten kann.

Zunehmend kommt es in den Unternehmen zu einer Vernetzung und einem Zusammenlaufen verschiedener Projekte. Es fehlt jedoch an einer übergreifenden Planung des Ressourceneinsatzes, bei einer bereichsübergreifenden Zusammenarbeit. Besonders in Großunternehmen stehen viele Projekte im Wettbewerb um finanzielle und personelle Ressourcen. Es ist daher nötig, die notwendigen organisatorischen und sozio-kulturellen Rahmenbedingungen zu schaffen, damit Projekte geordnet ablaufen können.

Ein Mittel zur Lösung dieser Aufgaben ist das Multiprojektmanagement. Diese Seminararbeit soll aufzeigen, was genau der Begriff „Multiprojektmanagement" bedeutet, wie und worin es sich vom Einzel-Projektmanagement unterscheidet und welche besonderen Methoden und Techniken es gibt.

2 Projektmanagement

Unter Projektmanagement versteht man die Gesamtheit von Führungsaufgaben, -organisation, -techniken und -mitteln für die Abwicklung eines Projekts[1].

Diese Aufgaben werden von einem festgelegten Projektleiter oder einem Projektbüro, in dem alle Projektinformationen, zentralisiert gesammelt und organisiert werden, übernommen[2].

2.1 Das Projekt

Die DIN 69901[3] definiert ein Projekt als ein „Vorhaben, das im wesentlichen durch Einmaligkeit der Bedingungen in ihrer Gesamtheit gekennzeichnet ist ...". Diese Einmaligkeit bezieht die DIN 69901 auf die Zielvorgabe, Begrenzungen (zeitlich, finanziell, personell), Organisationsform oder auf die Abgrenzung gegenüber anderen Vorhaben.

In der Praxis wird ein Projekt im Wesentlichen durch folgende Begrenzungen definiert: Ein Projekt ist ein Vorhaben, das in vorgegebener Zeit und beschränktem Aufwand ein eindeutig definiertes Ziel erreichen soll, wobei der genaue Lösungsweg weder vorgegeben noch bekannt ist[4]. Alternativ kann die „Einmaligkeit" auch unter dem Gesichtspunkt bestehender Risiken (Terminrisiko, Kostenrisiko oder Qualitätsrisiko) definiert werden.

2.2 Probleme des Einzel-Projektmanagements

Das Management einzelner Projekte im Hinblick auf deren inhaltliche Ziele, verfügbare Ressourcen und die erforderliche Zeit reicht allein nicht aus, um komplexe und strategische Zielsetzungen erfolgreich umzusetzen.

---

[1]vgl. [9] Wikipedia(2008)
[2]vgl. [8] Schulz-Wimmer(2002), S. 20
[3]vgl. http://www.din.de/
[4]vgl. [8] Schulz-Wimmer(2002), S. 13

Dies ist vor allem bedingt durch die Abhängigkeit verschiedener Projekte voneinander. Oft werden in Unternehmen verschiedene strategische Projekte gleichzeitig gemanagt, die auf begrenzte Ressourcen zurückgreifen und dadurch höhere Kosten verursachen und durch die begrenzte Sichtweise weniger effizient sind.

Es ist daher nötig, die Reibungsverluste zwischen den verschiedenen Projekten möglichst gering zu halten. Hierfür wird das Multiprojektmanagement herangezogen.

2.3 Aufgaben des Projektleiters

Ein Projektleiter ist die „personifizierte Verantwortung" eines Projektes[5]. D. h. er ist persönlich für dessen Erfolg oder Mißerfolg verantwortlich. Dem Projektleiter müssen demnach ausreichende Kompetenzen eingeräumt werden, damit er das Projekt zum Erfolg führen kann[6].

Typische Aufgaben für einen Projektleiter sind bspw.:

- Organisation des Projektteams

- Definition der Aufgaben und der Arbeitspakete

- Planen der Arbeitsabläufe, Termine und Meilensteine

- Arbeitsfortschritte anhand von Aufgaben kontrollieren

- Projektmitarbeiter führen

- Leitungsgremien informieren

- Beratungs- und Steuerungsgremien moderieren

---

[5]vgl. [8] Schulz-Wimmer(2002), S. 26
[6]vgl. [5] Ottmann/Pfeiffer/Schellen(2005), S. 77

3 Das Multiprojektmanagement

Unter Multiprojektmanagement versteht man das Management aller bzw. einer großen Anzahl von Projekten in einem Unternehmen[1]. Aufgabe des Multiprojektmanagements ist es insbesondere, einen wirksamen Steuerungsmechanismus zu etablieren, der die Verteilung der verfügbaren Ressourcen zwischen den einzelnen Projekten plant und steuert.

Der Hauptnutzen des Multiprojektmanagements liegt somit in der Erreichung der strategischen Ziele eines Unternehmens, bei optimaler Zuteilung der verfügbaren bzw. finanzierbaren Ressourcen[2].

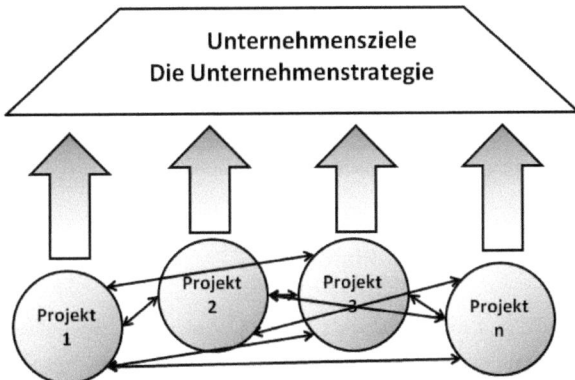

Abbildung 3.1: Abhängigkeiten beim Multiprojektmanagement[3]

Dabei erfolgt die Vernetzung der Projekte untereinander durch[4]

- Überblick und Koordination verschiedener Einzel-Projekte

- Kontrollen der Fortschritte der verschiedenen Projekte

- Koordination und gemeinsame Nutzung der einzusetzenden Ressourcen

---

[1] vgl. [5] Ottmann/Pfeiffer/Schellen(2005), S. 34
[2] vgl. [5] Ottmann/Pfeiffer/Schellen(2005), S. 56
[3] eigene Darstellung (2009)
[4] vgl. [3]Gemünden(2005)

- Bewertung in Priorisieren der Projektnutzen

3.1 Ablauf des Multiprojektmanagements

Im Folgenden werden die Methoden und Techniken beschrieben, die beim Multipro-jektmanagement besonders beachtet werden müssen. Hierbei ist insbesondere der Fokus auf den Vergleich zum Einzel-Projektmanagement gerichtet[5].

3.2 Projektplanung

Zur Projektplanung gehört die Vorbereitung und Durchführung aller Aktivitäten vor dem Projektstart[6].

Die Besonderheit des Multiprojektmanagements ist hierbei, dass nicht nur ein Projekt geplant wird. Vielmehr müssen Rahmenbedingungen erarbeitet werden, die für alle Projekte des Unternehmens gelten, die miteinander verbunden werden sollen[7]. Läuft bereits ein Projekt oder laufen mehrere parallel, so müssen bei der Multipro-jektplanung die Plandaten eines neuen Projektes mit der bisherigen Projektplanung der laufenden Projekte abgeglichen werden und in diese einfließen[8].

Zur Projektplanung gehören insbesondere die nachfolgenden Punkte:

3.2.1 Problemfeldanalyse

Durch die Problemfeldanalyse wird eine klare Definition des eigentlichen Problems innerhalb der Projekte geliefert[9]. Die Problemfeldanalyse erfolgt zunächst anhand folgender Fragestellungen:

- Wer sind die Betroffenen und die Beteiligten?

- Was ist das Problem?

- Was sind deren wichtigste Ziele?

---

[5]vgl. [5] Ottmann/Pfeiffer/Schellen(2005), S. 40
[6]vgl. [5] Ottmann/Pfeiffer/Schellen(2005), S. 21
[7]vgl. [2] Ehrmann(2006), S. 99
[8]vgl. [8] Schulz-Wimmer(2002), S. 72
[9]vgl. [2] Ehrmann(2006), S. 76

Darüber hinaus gibt es beim Multiprojektmanagement weitere Kriterien. Es muss zunächst analysiert werden, welchen Umfang die einzelnen Projekte haben[10]. Des Weiteren, in welchen Entwicklungsphasen sich diese befinden, ob auf bereits vorhandene Ergebnisse zugegriffen werden kann, wann mit den Projekten begonnen wurde, ob die Projektziele und das übergeordnete Ziel eindeutig festgelegt wurden, ob die Risiken der Projekte bekannt sind und worin sie bestehen[11].

Außerdem muss geklärt werden, welche Abhängigkeiten zwischen den Projekten bestehen, ob es externe Zulieferer gibt und ob bereits Personal bereit gestellt wird[12].

3.2.2 Wirtschaftlichkeitsbetrachtung

Aufwendungen stellen den Werteverzehr von Gütern und Dienstleistungen innerhalb einer Abrechnungsperiode dar und werden in der Ergebnisrechnung von den Erträgen abgezogen. Die Kostenplanung ist im Multiprojektmanagement ein sehr schwieriges bis unmögliches Unterfangen, da sich die Planung aus kaufmännischen und technischen Fakten zusammensetzt[13].

Eine ganzheitliche Kostenbetrachtung bezieht alle Kosten ein, die durch die parallelen Projekte benötigt werden. Voraussetzung hierfür ist zunächst eine umfassende Prüfung der Aufgabenplanung in den einzelnen Projekten, die alle direkten und indirekten Kosten des Projekts umfasst. Eine Kosten-/Nutzenanalyse des gesamten Projekts und der einzelnen Komponenten muss aufgestellt werden.

Diese Planung umfasst zwei Aspekte: die Ermittlung der für die Projekte erforderlichen Geldmittel und die Budgetierung. Die erste Aufwandsplanung ergibt sich aus der fachlichen Ebene der Projekte, d.h. aus der Höhe der erforderlichen Geldmittel für die Facharbeit.

Der zweite Aspekt der Kostenplanung ist die projektbezogene Planung von Aufwand und Kosten in der Forschung und Entwicklung. Diese Planung orientiert sich nicht an einem bestimmten Zeitrahmen, sondern am jeweiligen Bedarf[14].

Anschließend müssen die beiden Aspekte der Kostenplanung miteinander abgeglichen werden. Betrachtet werden müssen auch projektübergreifende Kosten, d.h. erforderliche Geldmittel für eine fachübergreifende Aufgabenbewältigung.

---

[10]vgl. [4] Etzel/Heilmann/Richter(2000), S. 56
[11]vgl. [4] Etzel/Heilmann/Richter(2000), S. 61
[12]vgl. [2] Ehrmann(2006), S. 102
[13]vgl. [4] Etzel/Heilmann/Richter(2000), S. 132
[14]vgl. [4] Etzel/Heilmann/Richter(2000), S. 145

3.2.3 Terminplanung

Bei der Terminplanung ist nicht nur einzuschätzen, wie viel Zeit erforderlich ist, um das strategische Ziel zu erreichen[15]. Es ist unter anderem auch zu prüfen, ob bei einem Projekt ein späterer Termin akzeptiert werden kann oder ob Aufgaben zwischen den Projekten verschoben werden müssen, um Zeitdifferenzen auszugleichen. Auch ist der Zeitaufwand für Zuarbeiten zu ermitteln, um Leerlaufzeiten in den Projekten zu unterbinden, die auf die Zuarbeit anderer Projekte angewiesen sind[16].

Weiterhin muss auch geplant werden, wie und wann die Aufwandseinschätzungen aktualisiert werden, ob zusätzliche Risiko-Zeiten für Unvorhergesehenes einbezogen sind und ob allen Betroffenen die Terminpläne bekannt sind[17].

3.2.4 Ressourcenplanung

Die Ressourcenplanung schafft Klarheit über die im Projektverlauf verfügbaren und benötigten Einsatzmittel. Zum einen sind dies Verbrauchsgüter, wie Energie oder Finanzmittel und zum anderen Gebrauchsgüter, wie Mitarbeiter, Werkzeuge und Arbeitsräume. Die Ressourcenpanung wird als Königsdisziplin des Multiprojektmanagements bezeichnet[18].

Bei der mitarbeiterbezogenen Einsatzplanung muss zunächst geprüft werden, ob und wie viele Mitarbeiter gleichzeitig für mehrere Projekte tätig werden sollen. Hierbei spielt die Anzahl der Mitarbeiter und deren Qualifikation eine entscheidende Rolle. Die Mitarbeiter werden sodann prozentual in Abhängigkeit der Priorität auf die einzelnen Projekte aufgeteilt[19].

Des Weiteren müssen Vorüberlegungen hinsichtlich der Qualifikation der Mitarbeiter angestellt werden. Dazu gehören Erfahrungen der Mitarbeiter und der einzelnen Projektmanager in bereits abgeschlossenen Projekten, spezielle Schulungen oder die Frage, ob die Mitarbeiter zusätzlich mit weiteren, projektfremden Aufgaben betraut sind.

Die Einsatzmittelplanung geht zunächst davon aus, dass nur ein beschränkter Vorrat bestimmter Einsatzmittel für die verschiedenen Projekte zur Verfügung steht. Um diese Einsatzmittel möglichst effizient zu verteilen, wird zunächst eine Engpassanalyse vorgenommen. Dabei werden die einzelnen Projekte zunächst einer ge-

---

[15]vgl. [5] Ottmann/Pfeiffer/Schellen(2005), S. 34
[16]vgl. [8] Schulz-Wimmer(2002), S. 96
[17]vgl. [4] Etzel/Heilmann/Richter(2000), S. 79
[18]vgl. [8] Schulz-Wimmer(2002), S. 20
[19]vgl. [8] Schulz-Wimmer(2002), S. 23

trennten Einsatzmittelberechnung unterzogen und diese anschließend verglichen, um festzustellen, welche Einsatzmittel in welchem Projekt bei Bedarf reduziert werden können. Die Abwägung der Prioritäten ist hierbei eine wichtige Aufgabe des Multi-projektmanagers[20].

3.2.5 Die Multiprojektleitung

Die besonderen Aufgaben der Projektleitung liegen in der Organisation der Projekte und der Vermittlung zwischen den einzelnen Team-Mitgliedern[21].

Die Projektleitung oder der Multiprojektmanager tritt sowohl nach innen, als auch nach außen auf. Innerhalb der Projekte tritt er vermittelnd auf und trifft überge-ordnete Entscheidungen. Nach außen hin muss der Projektmanager die Fortschritte und Erfolge des Projektes vermarkten und die Projekte vertreten. Es wird somit eine hohe fachliche und interdisziplinäre Qualifikation des Managers vorausgesetzt[22].

Des Weiteren erfolgt durch die Projektleitung die ständige Kontrolle der Pro-jektarbeit und der Mitarbeiter in den einzelnen Projekten. Zu prüfen ist, ob die Verantwortungsbereiche klar abgegrenzt sind oder ob Lücken existieren, die gege-benenfalls durch Zusammenarbeit geschlossen werden können[23]. Der Projektmana-ger muss ständig durch Berichterstattung über die Fortschritte in den einzelnen Projekten informiert werden, um einen Überblick zu behalten und gegebenenfalls Ressourcen, Zeit oder Kosten neu zu planen. Besonders wichtig ist eine klare Struk-turierung der Hierarchie im Multiprojektmanagement. Im Gegensatz zum Einzel-Projektmanagement gibt es nicht nur einen Projektleiter sondern auch einen Mul-tiprojektmanager[24]. Es muss klar definiert sein, wer welche Entscheidungen treffen kann, wer für welche Aufgabengebiete verantwortlich ist und wer das Einhalten von Entscheidungen prüft.

3.3 Probleme im Multiprojektmanagement

Nach einer Studie der technischen Universität München[25] gibt es vier elementare Probleme, die im Rahmen des Multiprojektmanagement gelöst werden müssen:

1. **Fehlende Information über die Projektlandschaft**

---

[20]vgl. [8] Schulz-Wimmer(2002), S. 25
[21]vgl. [4] Etzel/Heilmann/Richter(2000), S. 81
[22]vgl. [8] Schulz-Wimmer(2002), S. 96
[23]vgl. [4] Etzel/Heilmann/Richter(2000), S. 89
[24]vgl. [8] Schulz-Wimmer(2002), S. 97
[25]vgl. [3]Gemünden(2005)

Unzureichende Daten und Informationsqualität über die Projektlandschaft im Unternehmen führt häufig zu weitreichenden Fehlentscheidungen. Oft ist hierfür eine mangelhafte IT-Landschaft mit verantwortlich, die einen Überblick über den Status aller Projekte ermöglicht.

2. **Verschwendung von knappen Ressourcen**

   Wichtigstes Ziel und Herausforderung beim Multiprojektmanagement ist die Priorisierung, Freigabe und konkrete Verteilung der zur Verfügung stehenden Ressourcen. Das Ressourcenmanagement ist in den letzen Jahren immer mehr in den Mittelpunkt von Entscheidungen im Projektmanagement gerückt.

3. **Fehlende Ausschöpfung von Synergiepotenzialen**

   Häufig ist die kurzfristige Sichtweise bei der Auswahl der Projekte der Grund, der verhindert, dass das Synergiepotenzial durch Verbundwirkungen von Projekten greifen kann. Meistens ist das Projektportfolio als Ganzes weniger als die Summe seiner Einzel-Projekte.

4. **Fehlende Synergie-Transparenz**

   Unzureichende Richtungsvorgaben führen meistens zu einerseits effektiven, aber andereseits nicht zielkonformen Projektlandschaften. Häufige und drastische Kurswechsel schüren den Unmut der Mitarbeiter und führen langfristig zu einer mangelden ProjektlandschaftenAkzeptanz von Entscheidungen.

3.4 Multiprojektmanagement Qualitätszirkel

Prof. Dr. Hans Georg Gemünden (TU München) definierte vier Faktoren, die für erfolgreiches Multiprojektmanagement stehen[26]:

1. Informationsqualität

2. Interaktionsqualität

3. Allokationsqualität

4. Portfolioqualität

Diese vier Faktoren unterstehen einer gegenseitigen Abhängigkeit und Beeinflussung und werden im so genannten Multiprojektmanagement-Qualitätszirkel zusammengefasst.

---

[26]vgl. [3]Gemünden(2005)
[26]eigene Darstellung (2009)

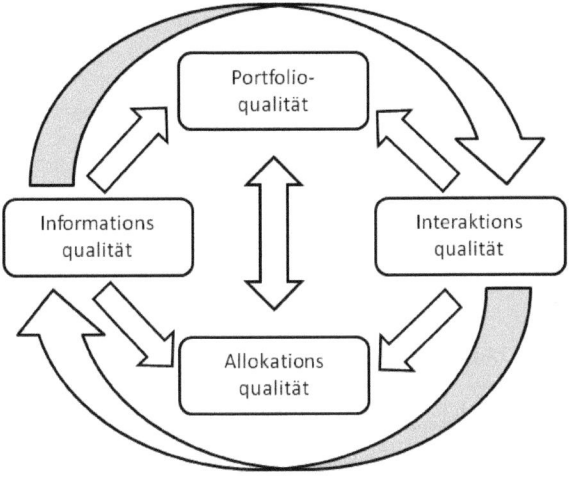

Abbildung 3.2: Multiprojektmanagement-Qualitätszirkel

3.4.1 Informationsqualität

Ein zentraler Grund für die Einführung von Multiprojektmanagement ist die Schaffung von Transparenz über die vorhandenen Projekte im Unternehmen und deren aktueller Status. Diesem Informationsbedürfnis des Top Managements nachgelagert ist die Informationssuche im Unternehmen, die in der Regel auf ein nur beschränktes Informationsangebot von Seiten der Informationslieferanten trifft. Anforderungen an die Informationen sind[27]:

- Relevanz der Informationen:
  Der Problembezug der Informationen macht diese wertvoll

- Gültigkeit der Informationen:
  Es sollte das gemessen und geliefert werden, das gewünscht wurde

- Aktualität der Information die geliefert wird

- Genauigkeit der Information der gelieferten Informationen:
  Es sollen nur neue Informationen geliefert werden

---

[27]vgl. [3]Gemünden(2005)

3.4.2 Interaktionsqualität

Ein gutes Multiprojektmanagement zeigt sich in guter Zusammenarbeit zwischen Projektleitern, Abteilungsleitern und dem Top-Management eines Unternehmens.

Eine Grundvoraussetzung hierfür ist, dass alle Beteiligten auch willens sind, offen und ehrlich miteinander zu kommunizieren und sich gegenseitig zu vertrauen[28]. Bspw. führt eine gute Interaktionsqualität nachweislich zu einer Reduktion von unnötiger bewussten und unbewussten Doppelarbeit.

3.4.3 Allokationsqualität

Die Allokationsqualität wird als Maß der Qualität des Ressourcenmanagements des Unternehmens verstanden[29]. Diesem Faktor kommt die zentrale Bedeutung beim Mutiprojektmanagement zu, da das Ressourcenmanagement einen hohen Komplexitätsgrad aufweist und daher als die Königsdisziplin des Multiprojektmanagements gilt[30].

Elemente der Allokationsqualität sind:

- der Abgleich der Ressourcenbereitstellung und der Ressourcenverfügbarkeit[31]

- die Sicherstellung, dass die richtigen Mitarbeiter auf die richtigen Projekte zur richtigen Zeit gesetzt werden, was ebenfalls bedeutet, dass Ressourcen entsprechend den Projekt-Prioritäten verteilt werden[32]

- die Überwachung der Ressourcenfreigabe[33]

- die Aufdeckung inoffizieller Projekte, um hiermit Ressourcenverschwendung vorzubeugen[34]

3.4.4 Portfolioqualität

Das Projekt-Portfolio eines Unternehmens ist die Menge aller laufenden und geplanten Projekte. Bevor ein Projekt in das Projekt-Portfolio übernommen wird, sollte es auf seine Bedeutung und seinen Leistungsbeitrag hin geprüft werden[35]. Mit dem

---

[28]vgl. [3]Gemünden(2005)
[29]vgl. [3]Gemünden(2005)
[30]vgl. [8] Schulz-Wimmer(2002), S. 206
[31]vgl. [8] Schulz-Wimmer(2002), S. 207
[32]vgl. [4] Etzel/Heilmann/Richter(2000), S. 75
[33]vgl. [8] Schulz-Wimmer(2002), S. 207
[34]vgl. [4] Etzel/Heilmann/Richter(2000), S. 77
[35]vgl. [5] Ottmann/Pfeiffer/Schellen, S. 121

Abschluss eines Projekts wird es im Allgemeinen wieder aus dem Portfolio genommen. Für eine bessere Vorausschau und Planung können auch Projekt-Ideen in das Portfolio aufgenommen werden[36].

Wichtige Faktoren beim Projektportfolio sind:

- die Ausgewogenheit des Projektportfolios. Es herrscht der richtige Projekt-Mix im Portfolio

- der Grad der Ausrichtung des Projektportfolios an der Unternehmensstrategie

- die Durchführung der richtigen Anzahl von Projekten in Anbetracht der zur Verfügung stehenden Ressourcen

- die richtige Priorisierung der laufenden Projekte

---

[36]vgl. [3]Gemünden(2005)

4 Epilog

Festzuhalten bleibt, dass das Projektmanagement und zunehmend das Multiprojektmanagement keine Besonderheiten, sondern Alltag geworden sind, um im internationalen Konkurrenzkampf der Unternehmen bestehen zu können. Es gibt eine Vielzahl von Problemen beim professionellen Management von mehreren gleichzeitig und untereinander abhängigen Projekte. Daher sollte das Multiprojektmanagement in einem Unternehmen mit den richtigen Befugnissen ausgetsattet werden, um diese Aufgabe effetkiv bewältigen zu können.

Die Kernfrage des Multiprojektmanagements muss lauten: Welche Projekte und Initiativen bringen ein Unternehmen wirklich voran? Hauptaufgaben des Mutliprojektmanagements sind:

- die Konkurrenz um die knappe Ressourcen zu steuern

- klare Prioritäten auf Projekte setzen, die auch verstanden und akzeptiert werden

- die Projekte mit den notwendigen Ressourcen zum richtigen Zeitpunkt versorgen

- unwichtige bzw. weniger wichtig gewordene Projekte rechtzeitig beenden

Für all dies gibt es kein universelles Patentrezept, da die Struktur der Projekte in Unternehmen zu unterschiedlich ist. Ein guter Best-Practice Ansatz ist der Multiprojekt-Qualitätszirkel, der die Abhängigkeiten und Wechselwirkungen von Information, Interaktion, Allokation und Portfolio beschreibt. Hierdurch lassen sich bei konsequenter Beachtung viele Reibungsverluste vermeiden und die Steuerung mehrerer zeitglecher Projekte optimieren.

Literaturverzeichnis

[1] Dr. Scott Berkun. *Die Kunst des IT-Projektmanagements*. 1 edition, 2007.

[2] Thomas Ehrmann. *Strategische Planung: Methoden und Praxisanwendungen*. 2006.

[3] Hans-Georg Gemünden. *Die gelebte Projektorganisation - Das Management von Projektlandschaften*. 1 edition, 2005.

[4] Reinhard Richter (Hrsg.) Hans-Joachim Etzel, Heidi Heilmann. *IT-Projektmanagement - Fallstricke und Erfolgsfaktoren*. 1 edition, 2000.

[5] Astrid Pfeiffer (Hrsg) Heinz Schelle, Roland Ottmann. *ProjektManager*. 2 edition, 2005.

[6] Sabine Kuschel (Hrsg) Jacques Boy, Christian Dudek. *Projektmanagement - Grundlagen, Methoden und Techniken, Zusammenhänge*. 11 edition, 1994.

[7] Elke Michael Niedermair. *LATEX- Das Praxisbuch*. 3 edition, 2006.

[8] Heinz Schulz-Wimmer. *Projektmanagement - Werkzeug für effizietnes Organisieren, Durchführen und Nachhalten von Projekten*. 4 edition, 2002.

[9] Wikimedia Foundation Inc (Autor unbekannt). Multiprojektmanagement. http://de.wikipedia.org/wiki/Multiprojektmanagement, 2008.

[10] Hans Robert Hansen und Gustav Neumann. *Wirtschaftsinformatik 1 Grundlagen und Anwendungen*. 9 edition, 2005.

Glossar

Best Practice

Lösungen, die bereits realisiert wurden und ihre Zielvorgaben mit den besten Ergebnissen erfolgreich erreicht haben. Es wird ein Vergleich angestrebt, damit mögliche Fehlerquellen bei ähnlichen zu entwickelnden Lösungen von Anfang an ausgeschlossen werden können. Im Gegensatz zur besten möglichen Lösung ist Bezugspunkt von 'Best Practice' lediglich die beste realisierte Lösung.

Gantt-Diagramm (Gantt-Chart)

Horizontales Balkendiagramm, das die zeitlichen Verknüpfungen der einzelnen Schritte eines Projektes graphisch darstellt. Es ist nach dem Ingenieur Henry Gantt benannt, der diese Methode in den ersten Jahren des 20. Jahrhunderts entwickelte

Geschäftsprozess

Integrierte, zeitlich-logische Anordnung von Aktivitäten (Vorgängen/Tätigkeiten), die zur Wertschöpfung in der Unternehmung einen wesentlichen Beitrag leisten. Darüber hinaus sollte jeder Prozess einen messbaren In- und Output haben, wiederholbar sein und eindeutig einem Verantwortungsbereich zuzuordnen sein

Kennzahl

Kennzahlen sind den Zielen zugeordnet und messen den Erfolg der Strategie-Umsetzung. Jeder Kennzahl werden zeitabhängige Zielwerte zugeordnet, die sich beispielsweise aus den Jahresplanungen ableiten lassen

Meilenstein

Ereignis besonderer Bedeutung (Kontrollpunkt)

Projekt

Zeitlich, sachlich und räumlich begrenztes Vorhaben mit klar definierter Aufgaben- und Zielstellung

Projektauftrag

Ein von einer höheren Führungsebene oder Kunden herausgegebenes Dokument, das die Existenz eines Projektes formell autorisiert und den Projektleiter berechtigt, betriebliche Einsatzmittel für die jeweiligen Projektvorgänge zu verwenden

Projektmanagement

Umfasst alle Aufgaben, Konzepte und Verfahren der Planung sowie Steuerung und Überwachung von Projekten

QS

Abkürzung für Qualitätssicherung

Ressource

Einsatzmittel. Human- und Sachressourcen sind Arbeitsressourcen im Gegensatz zu Materialressourcen, die sich im Gegensatz hierzu durch den Materialverbrauch abzeichnen

Ressourcenkonflikt

Terminkonflikt bei der Belegung einer oder mehrerer Ressourcen

Ressourcenmanagement

Management von Ressourcen oder auch Einsatzmittelmanagement, d.h. Management von Human-, Sach- und Materialressourcen oder synonym: Management von Menschen, Maschinen und Material. Management von Menschen wird auch weitgehend synonym Personalmanagement, Mitarbeiterführung, Leitung von Mitarbeitern, Teammanagement genannt. Entsprechend das Management von Maschinen auch Maschinenmanagement oder von Material auch Materialmanagement

Stakeholder

Gruppen im Umfeld einer Organisation, die besondere Interessen und Ansprüche an die Tätigkeit eines Unternehmens richten

Strategie

Darlegung, wie ein Unternehmen mit den mittel- bis langfristigen Herausforderungen plant umzugehen. Bei vielen Unternehmen werden auf Hypothesen beruhende Szenarien entwickelt, die zur Bewältigung der Herausforderungen zur Alternative stehen.

Strukturplan

Projektstrukturplan. Hierarchisch strukturierte Darstellung des Projektinhalts- und umfangs (Projektstruktur), also aller für die erfolgreiche Durchführung des Projektes erforderlicher Arbeiten

Sachregister